Tierras polares

Primera Edición: 2007
ISBN: 978-84-96609-98-3
Título original: Polar lands
Edición original: © Kingfisher Publications Plc
Maquetación: TXT Servicios editoriales – Esteban García Fungairiño
Traducción: Equipo Edilupa

Agradecimientos
La editorial quisiera agradecer a aquellos que permitieron la reproducción de las imágenes. Se han tomado todos los cuidados para contactar con los propietarios de los derechos de las mismas. Sin embargo, si hubiese habido una omisión o fallo la editorial se disculpa de antemano y se compromete, si es informada, a hacer las correcciones pertinentes en una siguiente edición.

i = inferior; ii = inferior izquierda; id = inferior derecha; c = centro; ci = centro izquierda; cd = centro derecha; s = superior; sd = superior derecha; d = derecha

Fotos: Cubierta: Getty Imagebank; 1 Getty Lonely Planet Images; 2–3 Getty Robert Harding pictures; 4–5 Science Photo Library (SPL)/Doug Allan; 6–7 Getty Taxi; 8–9 Corbis/Tom Bean; 8 SPL/Ted Kinsman; 9 Corbis Ralph A. Clevenger; 10–11 Corbis/Rob Howard; 11sd Getty NGS; 11id Corbis/Darrell Gulin; 12–13 Darrell Gulin; 13sd SPL/Simon Fraser; 13i Corbis/Charles Mauzy; 14–15 Corbis/Dan Guravich; 14i Oxford Scientific Films/Doug Allan; 15sd Corbis/Kennan Ward; 15cd Nature Picture Library/Tom Vezo; 16–17 B&C Alexander/Arctic Photos; 17id Corbis/Paul A. Souders; 18 Getty Imagebank; 19si B&C Alexander/Arctic Photos; 19id Nature Picture Library/David Pike; 21s Corbis/Tim Davis; 21c Natural History Picture Agency/Laurie Campbell, Seapics, Hawaii, USA; 24–25 B&C Alexander/Arctic Photos; 24i Getty Stone; 25i Nature Picture Library/Doc White; 26s Corbis W. Perry Conway; 26i Corbis/Dennis Johnson, Papilio; 27 B&C Alexander/Arctic Photos; 28 B&C Alexander/Arctic Photos; 29sd SPL/Doug Allan; 29ii Ardea/Edwin Mickleburgh; 30–31 B&C Alexander/Arctic Photos; 31s Corbis/Galen Rowell; 32 B&C Alexander/Arctic Photos; 33si B&C Alexander/Arctic Photos; 33i B&C Alexander/Arctic Photos; 34 B&C Alexander/Arctic Photos; 35s B&C Alexander/Arctic Photos; 35 Alamy/Popperfoto; 36 Alamy/B&C Alexander; 37si B&C Alexander/ Arctic Photos; 37–38 B&C Alexander/Arctic Photos; 38–39 B&C Alexander/Arctic Photos; 39si SPL/David Vaughan; 39i B&C Alexander/ Arctic Photos; 40–41 Corbis/Dan Guravich; 41s Corbis/Wolfgang Kaehler; 41 Corbis/Tom Brakefield; 48 B&C Alexander/Arctic Photos

Fotografía por encargo de las páginas 42-47 por Andy Crawford.
Agradecimiento a los modelos Harrison Nagle, Joley Theodoulou y Hayley Sapsford.
Impreso en China - Printed in China

Tierras polares

Margaret Hynes

ede
EDILUPA

Contenido

6 Límites de la Tierra

Polo Norte

Polo Sur

Las tierras polares se encuentran en puntos opuestos del globo, en el lejano norte y en el sur, alrededor de los polos. Son los sitios más fríos y con más viento de la Tierra.

Paisaje helado

Hace tanto frío en las regiones polares que la tierra y el mar están helados la mayor parte del año. Los animales polares necesitan ser muy fuertes para sobrevivir en estas condiciones.

Pingüinos de Adelia

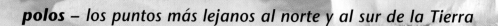

polos – *los puntos más lejanos al norte y al sur de la Tierra*

Ártico

Rodea al Polo Norte. Está formado por el Océano Ártico y las heladas tierras que hay alrededor de este, llamadas tundra.

Antártida

Rodea al Polo Sur.
La forma un continente llamado Antártida, y los océanos del sur.

continente – *cada uno de lo seis grandes bloques de tierra del planeta*

En invierno hace tanto frío que la nieve, en lugar de derretirse, se compacta y se convierte en bloques de hielo al caerle más nieve encima. El hielo forma gruesas capas que cubren la tierra.

Copos de nieve

Si miras con atención los copos de nieve, verás que tienen muchas formas diferentes. Casi todos tienen seis lados o seis puntas.

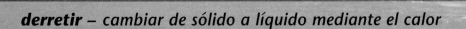

derretir – *cambiar de sólido a líquido mediante el calor*

Gigantes bajo el agua

Los icebergs son grandes bloques de hielo que flotan en los mares. La mayor parte de un iceberg está bajo la superficie del agua.

Hielo que se quiebra

Los icebergs se desprenden de la orilla de las capas de hielo y caen al mar. Esto sucede en el verano, cuando el hielo se derrite parcialmente.

agua dulce – agua fresca, de lluvia o de los ríos, no salada como la del mar

Luz y oscuridad

Las tierras polares son lugares peculiares. Durante los largos y duros inviernos, la mayor parte del día está oscuro, pero, en verano, el Sol no se pone durante semanas enteras.

Iluminando el camino

En las noches de verano, el Sol se oculta en el horizonte pero sigue iluminando la tierra. Aunque es más de medianoche, estas personas pueden encontrar el camino a casa.

Luces extrañas

Cerca de los polos, los cielos nocturnos se cubren con asombrosas exhibiciones de luz. Estos espectáculos naturales se llaman auroras boreales, polares o australes.

Ardillas de verano

La ardilla sobrevive al invierno hibernando. En el verano, aprovecha al máximo la constante luz diurna para acumular comida para el siguiente invierno.

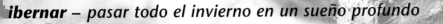

ibernar – pasar todo el invierno en un sueño profundo

La tundra florece

La tundra es una planicie fría que se cubre de nieve en invierno. En verano, al derretirse la nieve, la tundra vuelve a la vida con sus flores y animales.

Alfombra florida

Una alfombra de pasto, musgo y líquenes cubre la tundra en verano. Estas plantas crecen cerca del suelo, evitando los vientos que soplan por encima de ellas.

planicie – *área de tierra plana. En su mayor parte sin árboles*

orjando semillas al Sol

En el corto verano, las flores de la tundra, como esta amapola, florecen pronto y producen semillas que se quedan en el suelo helado todo el invierno.

Comiendo solo

Los osos pardos andan por la tundra y se alimentan de mamíferos, insectos y plantas, engordando todo lo que pueden antes del invierno, que lo pasan hibernando en una madriguera.

florecer – producir flores

Animales adaptables

Los animales que pasan el invierno en tierras polares están especialmente adaptados para sobrevivir a temperaturas muy bajas. Muchos tienen el cuerpo blanco para que no los detecten en el paisaje nevado.

Anticongelante

Este pez de hielo de la Antártida sobrevive donde la mayoría de otros peces se congelaría. Tiene sustancias químicas en su cuerpo que impiden que se congele.

camuflaje – forma o color del cuerpo que ayuda al animal a esconderse

Cambia de abrigo

En invierno, las plumas de
la perdiz nival son gruesas
y blancas para aumentar
su calor y su camuflaje. En
verano, son color castaño.

perdiz nival – invierno

perdiz nival – primavera y verano

Los más gordos sobreviven

No hay peligro de que esta morsa se
enfríe. Como a todos los mamíferos
marinos, una gruesa capa de grasa
corporal la mantiene caliente.

mamíferos – *animales de sangre caliente que alimentan a sus crías con leche*

¿Qué come cada uno?

Los animales del Ártico, como el resto de animales, se alimentan de plantas o de las presas que capturan y casi todos se deben proteger de los depredadores.

Padres protectores

Los bueyes almizcleros no huyen si los lobos del Ártico se acercan. Los adultos hacen un círculo alrededor de sus pequeños, y los lobos no pueden alcanzarlos.

depredadores – *animales que cazan y se comen a otros animales*

Cadena alimentaria

En la cadena alimentaria ártica los lobos son los mayores depredadores. Comen bueyes almizcleros, liebres y lemmings, que a su vez comen pasto y líquenes.

lobo del Ártico

come

come

buey almizclero

liebre del Ártico

lemming

come

come

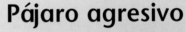
pasto y liquen

Pájaro agresivo

En la Antártida, la skúa es un predador agresivo. Ataca a los pingüinos y les roba los huevos.

cadena alimentaria – diagrama que muestra lo que come cada uno

El rey del hielo

El oso polar es el mayor y más potente cazador del Ártico. Él solo recorre largas distancias cada día buscando focas para comer. También caza peces con sus afiladas garras.

Sobreviviendo al frío

Los osos polares pasan la mayor parte del tiempo sobre placas de hielo. Son excelentes nadadores y pueden pasar muchas horas en el agua helada. Su piel grasienta y su capa de grasa los mantienen calientes.

Comida basura

Los osos polares pueden entrar a los pueblos buscando comida. A veces visitan basureros, donde se pueden envenenar o herir.

Cuidado maternal

Los oseznos polares nacen en una madriguera cálida y cómoda que su madre cava en la nieve. Crecen pronto con la leche rica en grasa de la madre.

Largo viaje

Para muchas aves y mamíferos polares, el invierno del Ártico es demasiado frío. Estos animales migran al sur a sitios más cálidos, y vuelven en primavera.

Nómadas del norte

El caribú es un tipo de ciervo que en invierno vive en los bosques de las orillas del Ártico y en verano viaja 1.000 km hacia el norte para pasar todo el tiempo comiendo plantas en la tundra.

migrar – *hacer el mismo viaje al mismo lugar cada año*

Visitas volando

El charrán del Ártico viaja más lejos que ninguna otra ave: cada año va del Ártico a la Antártida, ida y vuelta, y ve el verano de amos polos.

Sobre las pezuñas

El caribú puede caminar sobre la nieve profunda sin hundirse. Sus pezuñas, anchas y peludas, son como raquetas para nieve que distribuyen su peso.

raquetas para nieve – calzado para nieve, con una estructura que se fija al pie

Vida en aguas polares

Los mares polares son fríos, pero no tan fríos y desapacibles como la tierra. En sus profundas aguas hay abundancia de criaturas marinas.

Lecho marino antártico

Anémonas de colores, gusanos abanico y estrellas de mar viven en el suelo marino de la Antártida. Las cochinillas y arañas de mar se pasean también por este fondo.

banco de peces

anémona de mar

cochinilla de mar

Alimento marino

Muchos animales, desde
diminutos peces hasta grandes
ballenas, se alimentan de
plancton que se compone
de animales microscópicos y
plantas que viven en el agua.

gusano abanico

arañas de mar
(rojas y
amarillas)

estrella de mar

microscópico – *demasiado pequeño para ser visto por el ojo humano*

Mamíferos marinos

En los mares viven focas, ballenas, leones de mar y morsas, cuya grasa los mantiene calientes. Sus cuerpos hidrodinámicos les permiten moverse fácilmente por el agua.

Salpicando

Las ballenas, como esta ballena jorobada, nadan en aguas heladas y les encanta saltar por el aire y caer al agua salpicando.

hidrodinámico – *forma del cuerpo que facilita el movimiento en el agua*

Cambian los abrigos

Las focas de Groenlandia
nacen con pelaje blanco y
esponjoso. Las madres cuidan
a sus crías durante casi dos
semanas; luego el pelaje de los
cachorros se vuelve gris como
el de los adultos y deben
cuidarse solos.

Colmillos herramienta

Las morsas salen del agua usando
sus colmillos como palanca.
También les sirven para abrir
moluscos en el lecho marino.

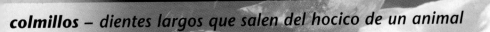

colmillos – *dientes largos que salen del hocico de un animal*

albatros

Escuadrón aéreo

Muchas aves marinas pasan el verano en los polos. La mayoría vive en tierra pero vuela sobre el mar y bucea en busca de alimento. El albatros pasa casi toda su vida en el mar; sólo va a tierra a poner sus huevos.

Huevos puntiagudos

El arao común pone sus huevos en los salientes de los acantilados. Los huevos son puntiagudos por un lado para evitar que rueden y se caigan al precipicio.

ave marina – *pájaro que vive cerca del mar y se alimenta en él*

Colonias del acantilado

Los frailecillos hacen sus nidos
en riscos muy altos para que los
predadores no los alcancen.
Se crían en bandadas
grandes y ruidosas,
o colonias.

criar – *alimentar a las crías*

Miles de pingüinos

Los pingüinos viven en zonas costeras de la Antártida. No pueden volar, pero usan las alas para deslizarse bajo el agua y conseguir su alimento.

Abrazo de grupo

Las crías de pingüino se abrazan para mantenerse calientes y se turnan para pasar al centro, que es donde se está más calentito.

deslizarse – moverse resbalando suavemente

Deslizándose

Para moverse más rápido
sobre la tierra, los pingüinos
de Adelia se deslizan en la
nieve con la barriga. Usan
las alas para empujarse
y marcar la dirección.

Pies separados del suelo

El hielo es demasiado frío
para los polluelos, así que,
para no tocarlo, se suben
sobre las patas de sus
padres y se cubren con un
faldón de piel que cuelga
de la barriga del adulto.

Pueblo inuit

Los inuit viven en América del Norte y en Groenlandia. Tradicionalmente, viajaban en grupos familiares y vivían de la pesca y de la caza. Hoy, muchos inuit viven en ciudades.

Cómoda casa de hielo

Cuando viajan para cazar, los iniut construyen iglúes como casas temporales. Aunque están hechos con bloques de hielo y nieve suelta, por dentro son cómodos y cálidos.

temporal – por un corto periodo de tiempo

Buenos navegantes

Los inuit son expertos constructores de botes. Los cubren con pieles de foca para impermeabilizarlos. Este bote es un *umiak*.

impermeable – *que no deja pasar el agua*

Vida de un pastor

Algunos individuos saami, lapp y chukchi son pastores. Siguen a los rebaños de renos y se establecen donde los renos se detienen a comer.

Fuerza del reno

Los renos tiran de los trineos y transportan cargas pesadas y a los jinetes. También proveen de carne y pieles para hacer ropa y tiendas.

pastores – *personas que cuidan rebaños de animales*

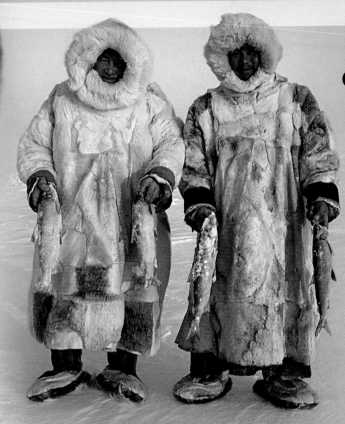

Calor de piel

Estos hombres llevan abrigos de invierno, llamados *parka*, hechos de piel de reno. La piel que se usa para prendas de vestir es la más suave y la que aporta más calor.

Casas móviles

Los pastores del Ártico se mudan varias veces al año, por lo que sus casas deben ser sencillas y ligeras. Viven en tiendas hechas con un bastidor de madera en forma de cono, cubierto con pieles de reno.

Exploración polar

Muchos exploradores arriesgaron la vida al querer ser los primeros en llegar a los polos. Robert Peary llegó al Polo Norte en 1909. En 1911, Roald Amundsen venció a Robert Scott en una carrera al Polo Sur.

Exploradores actuales

Los exploradores de hoy usan ropa especialmente diseñada para mantenerse caliente en temperaturas muy frías, y llevan su equipo en trineos ligeros.

ligero – *que pesa muy poco*

Los mejores amigos del explorador

Amundsen y su equipo aprendieron
de los habitantes del Ártico y usaron
perros esquimales para sus trineos.
Son perros fuertes e inteligentes, bien
adaptados al frío.

Por tierra y por mar

Scott y Amundsen
hicieron en barco parte
de su ruta al polo Sur.
Al llegar a tierra
cargaron sus equipos
en trineos y continuaron
el viaje con esquíes.

El **Terra Nova,** *barco de Scott*

Vida actual

Al mejorar el transporte, la alimentación, la construcción y los tejidos, la vida actual en el Ártico es diferente. Mucha gente vive en pequeños pueblos y trabaja en fábricas.

Pueblos del Ártico

Los pueblos del Ártico son como otros pueblos pequeños, aunque el agua se debe llevar en camión porque se congelaría si se distribuyera por tuberías.

Transporte humano

La gente que vive en las tierras polares ya no necesita animales para su transporte, ahora viajan en trineos motorizados.

fábricas – *negocios que fabrican productos para venderlos*

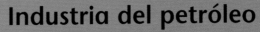

Industria del petróleo

Los yacimientos de petróleo en el Ártico se procesan en plantas como ésta. El petróleo es muy importante porque se usa para muchas cosas y genera empleos, pero daña el medio ambiente.

medio ambiente – *entorno natural*

Investigación
científica

Los únicos que viven en la Antártida son los científicos que trabajan en las estaciones de investigación. Estudian la vida silvestre e investigan el clima.

Sondeo del clima

Cada día, los científicos miden y registran las condiciones climáticas. Los instrumentos de medición van en un globo que flota a 20 kilómetros sobre el nivel del suelo.

clima – *condiciones del tiempo en un sitio durante un periodo*

Taladrando en busca de información

Con un taladro especial, los científicos extraen muestras de hielo. Las capas de hielo se han acumulado durante miles de años y su estudio los ayuda a conocer el clima que hacía antiguamente en la Tierra.

Seguimiento de animales

Una etiqueta en la cola de esta foca Weddell permite a los científicos registrar cuándo y dónde la han visto. Así sabemos más sobre su vida y sobre cómo protegerlas.

extraer – *sacar cuidadosamente*

Protección

El hombre ha vivido en el Ártico durante miles de años sin dañar el medio ambiente. Pero ahora los humanos amenazan la fauna silvestre con la caza y la contaminación.

Viaje gratis a casa

Los osos polares son muy raros y la mayoría de los países del norte tiene leyes que los protegen. Los que entran a los pueblos son atrapados y transportados por aire de vuelta a su hábitat.

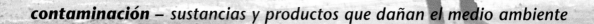

contaminación – *sustancias y productos que dañan el medio ambiente*

Vigilancia y protección

Estos turistas van en un viaje cuidadosamente organizado, que asegura que no se moleste a la fauna silvestre.

Rescate de mamíferos

Santuarios especiales en el Océano Antártico protegen las zonas de alimentación de ballenas y orcas. La mayoría de los países han aceptado no cazar en estas zonas.

orca (ballena asesina)

santuarios – lugares seguros protegidos del daño humano

Copos divertidos

Copo de nieve de papel

Los copos de nieve tienen seis lados o puntas, así que debes doblar un trozo de papel en seis partes antes de hacer un diseño.

1

Pon el plato sobre el papel blanco. Con un lápiz haz una línea alrededor del plato y traza un círculo. Recórtalo con cuidado.

Materiales

- plato
- papel blanco
- lápiz
- tijeras
- cartón de color (opcional)
- pegamento (opcional)
- purpurina (opcional)
- papel brillante (opcional)

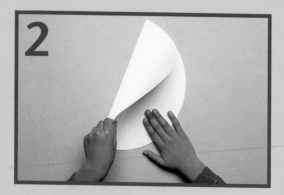

2

Con el círculo de papel que hiciste formarás tu copo de nieve. Empieza doblando el círculo por la mitad para tener un semicírculo.

3

Dobla el semicírculo en tres partes iguales, como aquí, para hacer seis secciones. Esto significa que tu copo tendrá seis lados.

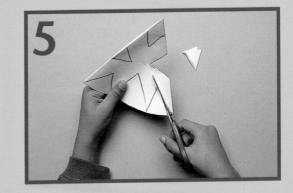

Haz un diseño sobre tu papel doblado. Procura no dibujar atravesando de un lado al otro del papel. Puedes copiar este diseño si te gusta.

Corta las secciones de papel doblado, siguiendo el trazo del diseño. Ten cuidado de no cortar atravesando de un lado al otro el papel.

Diviértete haciendo muchos copos. Puedes pegarlos en cartón de colores y decorarlos con purpurina y papel brillante.

Desdobla con cuidado tu copo. Verás que el diseño de las seis secciones es idéntico, ¡igual que un copo de nieve!

¡Un iceberg!

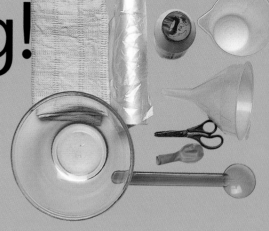

Iceberg increíble

Un iceberg puede tardar miles de años en formarse, con capas y capas de nieve. Tú puedes hacer uno en un solo día.

Materiales

- jarra
- agua
- globo
- embudo
- bolsa de plástico
- congelador
- cuenco transparente
- cuchara
- sal
- tijeras
- trapo de cocina

Llena la jarra con agua fría del grifo. Mete el embudo en el cuello del globo y sujétalo. Pide a un adulto que te ayude sujetando el globo.

Pide al adulto que ate la boca del globo con el agua dentro. Pon el globo en una bolsa de plástico y mételo al congelador durante una noche.

Al día siguiente, llena el cuenco transparente con tres cuartas partes de agua. Añade de 5 a 10 cucharadas de sal para hacer agua de mar.

Saca el globo del congelador y quítale la bolsa de plástico. Corta la punta del globo y retíralo con cuidado del hielo.

Con un trapo de cocina, para que tus dedos no se peguen en el hielo, pon tu iceberg con cuidado en el cuenco de agua salada.

El iceberg flotará en el agua salada. Observa que solo una pequeña parte del iceberg sobresale de la superficie del agua.

Juego de pingüinos
Juega a los pingüinos y finge ser un pingüino cuidando de su huevo sobre el frío hielo.

Materiales
- una bolsa con garbanzos

Los pingüinos protegen sus huevos y a sus crías del hielo llevándolos sobre las patas. Para jugar a este juego con un amigo, lo que hay que conseguir es pasarse un "huevo" (la bolsa con garbanzos) con el compañero, sin dejarlo caer, usando solamente los pies.

Careta de pingüino

Haz una careta de pingüino

Los pingüinos de cresta amarilla de la Antártida tienen caras de vivos colores. ¡Haz una mascara de pingüino y te disfrazarás como ellos!

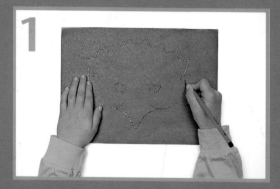

Empieza calcando el molde del pingüino que encontrarás en la última página de este libro. Luego pasa tu dibujo a la cartulina.

Materiales
- papel de calcar
- lápiz
- cartulina negra
- tijeras
- plastilina
- delantal
- pintura: roja, amarilla
- cinta elástica
- pegamento
- papel fino amarillo

Con las tijeras, corta con cuidado el contorno de la máscara. Si quieres, pide a un adulto que te ayude a hacerlo.

Con un lápiz, apoyándote en la plastilina, haz un par de agujeros para la cinta elástica y otros dos para los ojos. Agranda los agujeros para los ojos con tijeras.

Ponte un delantal y pinta tu máscara de pingüino. Usa rojo para los ojos y naranja para el pico. (Para hacer el naranja, mezcla pintura roja y amarilla.)

Cuando la pintura se seque, corta una tira de cinta elástica lo bastante grande para tu cabeza. Ata las puntas a los agujeros de los lados de la máscara.

Corta cinco tiras finas del papel amarillo, enróllalas entre sí por un extremo, dejándolas sueltas por el otro para que parezcan plumas, y pégalas, como si fuese una ceja, con una fina línea de pegamento. Haz lo mismo para la otra ceja, como se ve en la foto.

Diviértete poniéndote la máscara y fingiendo ser un pingüino de cresta amarilla.

Índice

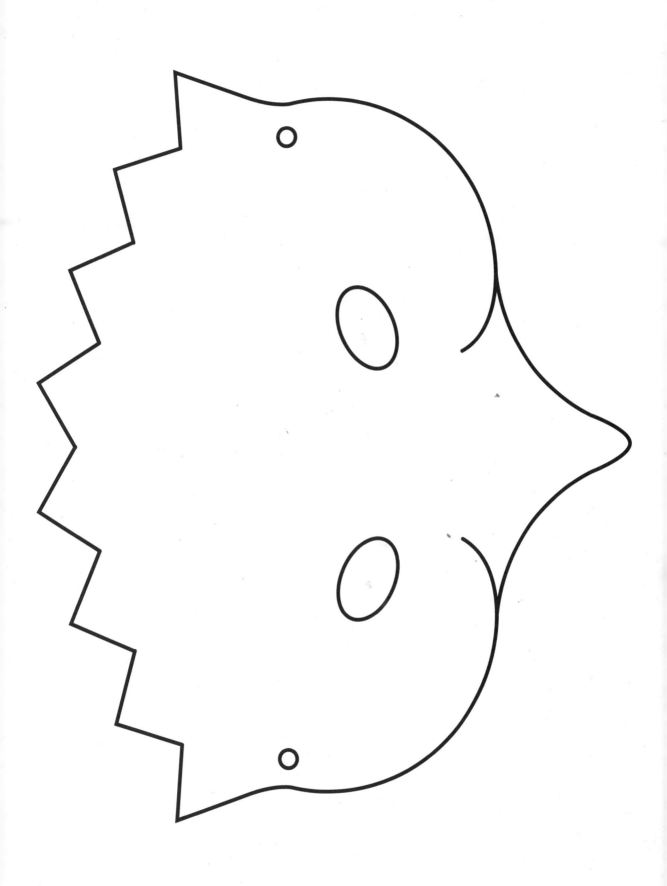